W9-BHB-242

EL PETIRROJO PIPO

Francesco Altan

Almadraba
INFANTIL JUVENIL

EN EL BOSQUE
HAY UN ÁRBOL.

EN LO ALTO DEL ÁRBOL
HAY UN NIDO.

EN EL NIDO
HAY UN HUEVO BLANCO.

EL HUEVO SE ROMPE.

HA NACIDO EL PETIRROJO.

SE LLAMA PIPO.

PIPO ESTÁ HAMBRIENTO.

SU MADRE LE LLEVA
UN GRANO DE TRIGO.

PIPO SE LO COME.

EL PETIRROJO PIPO
SE HA HECHO MAYOR.

—TIENES QUE APRENDER
A VOLAR —LE DICE SU MADRE.

PIPO INTENTA VOLAR,
PERO NO SABE
CÓMO SE HACE.

SE CAE SOBRE
EL PRADO VERDE.

LA HIERBA ES BLANDITA
COMO UNA ALMOHADA.

PIPO NO SE HA HECHO
DAÑO.

—¡INTÉNTALO OTRA VEZ!
–LE DICE LA FLOR ROSA.

PIPO YA HA APRENDIDO
A VOLAR.

DA UN PASEO POR EL CIELO
CON LA ABEJA
Y LA MARIPOSA AMARILLA.

PIPO SE POSA EN EL TEJADO
DE LA CASITA AZUL.

—MUY BIEN.
¿SABES VOLAR
TODAVÍA MÁS ALTO?
—LE PREGUNTA LA CASITA.

LA TORRE ES MUY ALTA.

DESDE ALLÍ ARRIBA
SE VEN LAS CASAS, EL RÍO
Y LAS MONTAÑAS.

EL PETIRROJO VUELA
AÚN MÁS ALTO.

MÁS ALTO QUE EL AVIÓN
Y QUE EL SOL.

SE HACE DE NOCHE.

PIPO TIENE SUEÑO.

—DUERME ENCIMA
DE LA NUBECITA
–LE DICE LA LUNA–.
YA VOLVERÁS MAÑANA
A TU NIDO.

LA NUBE
ES COMO UNA CAMITA.

PIPO ESTÁ DURMIENDO.

UNA MANTA NARANJA
LE DA CALORCITO.

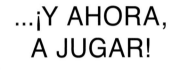

...¡Y AHORA, A JUGAR!

¿DESDE DÓNDE HA VENIDO PIPO?

ESCRIBE EL NOMBRE
DE CADA COSA.

Estrella

Cocte

Sol

abeja

COMPLETA EL NOMBRE
DE CADA COSA.

Á R B O L

M A R I P O S A

M A B I Ó N

N U B E

COLOREA LOS PETI...

PETIAMARILLO

PETIRROSA

PETIVERDE

PETIAZUL

PETIGRÍS

PETIVIOLETA

¿CUÁNTOS HAY?

HAY 2 PIPOS.

HAY 2 AVIONES.

HAY 4 ESTRELLAS.

HAY 1 MARIPOSA.

HAY 3 LUNAS.

MIS PRIMERAS PÁGINAS

1 LA VACA SARA, Agostino Traini
2 SAMANTA DA UN PASEO, Francesco Altan
3 EL PATO RENATO, Donatella Chiarenza
4 TINO VA AL COLEGIO, Francesco Altan
5 EL ÁRBOL PRESUMIDO, Nicoletta Costa
6 LAS OLIMPIADAS EN EL ESTANQUE, Silvia Vignale
7 ¡BUENAS NOCHES, TICO!, Silvia Vignale
8 LAS ESTACIONES EN EL ESTANQUE, Silvia Vignale
9 SAMANTA COGE EL TREN, Francesco Altan
10 EL ÁRBOL JUAN, Nicoletta Costa
11 CHIQUITA SE ENAMORA, Silvia Vignale
12 CLARA, CLAUDIA Y CARLA, Raffaella Bolaffio
13 UN CONCIERTO PARA LA NUBE OLGA, Nicoletta Costa
14 LA VACA SARA Y LA NATA MONTADA, Agostino Traini
15 TINO VISITA AL ABUELO, Francesco Altan
16 LA NUBE OLGA Y LA NIEVE, Nicoletta Costa
17 LA VACA SARA Y LA TORMENTA DE NIEVE, Agostino Traini
18 CELESTINO, Febe Sillani
19 LA VACA SARA Y EL OTOÑO, Agostino Traini
20 CELESTINO Y EL MONO, Febe Sillani
21 EL PETIRROJO PIPO, Francesco Altan
22 LA LUNA INÉS SE VA DE VACACIONES, Nicoletta Costa
23 LA NUBE OLGA, Nicoletta Costa
24 EL ÁRBOL JUAN Y LA PRIMAVERA, Nicoletta Costa
25 LA VACA SARA, CAMPESINA, Agostino Traini

PUEDES SEGUIR JUGANDO
CON EL PETIRROJO PIPO EN
www.misprimeraspaginas.com

ENTRA Y DESCARGA
LA **FICHA DE LECTURA** Y MÁS
PROPUESTAS DE ACTIVIDADES.